Une nuit
au cap de la Chèvre

François Cheng

de l'Académie française

Une nuit au cap de la Chèvre

Albin Michel

Ouvrage publié sous la direction
de Jean Mouttapa

À Micheline Benoit, mon épouse,
in memoriam.

Première partie

Ayant appris mon goût pour la méditation dans l'isolement, une lectrice m'a généreusement proposé la demeure qu'elle possède dans le Finistère. J'ai accepté d'y faire un petit séjour.

Dans sa deux-chevaux étonnamment alerte sur cette distance bien longue, elle me conduit de Paris jusqu'à la presqu'île de Crozon, tout au bout de la Bretagne. Tournant alors au sud, elle prend la direction du cap de la Chèvre. La voiture avance toujours, s'engage sur un chemin étroit, finit par s'arrêter devant une maison basse de pierre, perchée sur une sorte de promontoire relativement élevé.

« Voici une des dernières habitations du cap, me précise la conductrice. Autrement dit, on est ici en un point extrême de la terre d'Occident. Au-delà, il n'y a plus rien, que l'océan. »

En effet, devant nous s'étendent à perte de vue les eaux écumantes, à l'odeur d'algues, baignées dans la lumière encore chaude d'un couchant qui approche. « Pour un isolement, c'en est un ! » m'exclamé-je.

Ma nouvelle amie sourit, sans ajouter un mot, tant le site est éloquent par lui-même.

À l'intérieur de la maison, elle me donne toutes les indications pratiques. Après quoi, elle prend congé ; des amis l'attendent à Brest.

Le temps que j'explore plus en détail le lieu, le crépuscule s'installe. D'ordinaire, entre chien et loup, c'est l'heure où la mélancolie s'empare de moi. Ici, dans cette petite maison rustique tout emplie d'un accueil discret, c'est le sentiment de reconnaissance qui domine. La prévenance délicate, quasi maternelle, de mon hôtesse me touche au plus haut point, alors que je la connais à peine. Ainsi, les écrits nés de ma nuit ont suscité une rencontre de cœur à cœur qui rompt, jusqu'à un certain degré, ma réclusion forcée face aux épreuves du grand âge.

Dans la salle de séjour, sur un bureau, tout ce qui est nécessaire à l'écriture est prévu. Dans la salle de bain, tout ce qui est utile à la toilette est fourni. La cuisine, elle, respire le bon-vivre. Le frigo est largement garni. Sur une table luisante d'usure comme dans un tableau de Chardin, sont posés de la soupe de légumes, un gros pain et un fromage de chèvre, bien en accord avec le nom de l'endroit.

Je m'assois et je dîne. Après quoi, sans plus attendre, je m'affale sur le lit pour me reposer de la fatigue du voyage.

Vers minuit, les échos sonores des vagues frappant la paroi rocheuse m'arrachent à mon sommeil. Je me lève et j'entrouvre les volets. Se précipite sur moi une nuit sans fond au scintillement aveuglant. La pleine lune, là-haut, de tout son pouvoir attractif, est en train de soulever les marées ; elle les lance sans répit, à l'assaut de tout.

Je reste là, seul, me laissant secouer par le grand ébranlement. Les fracas répétés des vagues, entrecoupés des cris stridents de quelques oiseaux de nuit, m'assourdissent. Dans l'épaisse solitude qui m'envahit, d'où peut m'arriver un signe de sympathie, un geste de secours ? Contre toute logique, je ne me sens pas en sécurité, l'imagination s'emballe : je me vois tel un pitoyable crapaud ballotté qui ne manquera pas d'être vite déchiqueté par les monstres déchaînés.

Pourtant, au bout d'un moment, un changement s'opère en moi. La frayeur fait place à une sensation de bercement quasi enivrante. Je prends conscience de l'ampleur cosmique du phénomène auquel j'assiste : le mouvement des marées, loin d'être celui d'un fauve en furie, obéit à une cadence bien définie. Il est fait de flux et de reflux, d'une poussée en avant suivie d'un retournement sur soi, le tout régi par la formidable loi de l'attraction universelle. La lune attire, la terre elle-même aussi. Entre elles, une interaction bien ajustée, au bénéfice des deux. C'est ainsi que l'Univers, composé de milliards de galaxies, se tient en équilibre ; c'est ainsi que la Vie a pu advenir sans être détruite aussitôt.

Cette lune qui plane là, qui me baigne de sa clarté, je pense à elle avec gratitude ! N'a-t-elle pas littéralement materné la terre ? En activant l'eau des marées, n'a-t-elle pas, à l'origine, favorisé le développement des germes de vie que cette eau contenait ? Par la suite, reflétant la lumière solaire tout en l'adoucissant, elle s'est imposée en alternative comme une énergie bénéfique. Sa clarté nocturne veille sur le repos des plantes et des animaux, rythme leur vie, leur assure une croissance graduelle. Son visage bienveillant a inspiré tant de nos chants nostalgiques.

Un impensable miracle a donc eu lieu. Quoi donc ? Levant la tête, je vois le Cosmos dans son étalement au sein de l'espace. Baissant la tête, je vois la Vie dans son déroulement au sein du temps. Le gigantesque Cosmos, fait de matière, ignore sa propre existence. La Vie, à la pointe de son évolution, a engendré les humains, des êtres fragiles entre tous, mais qui possèdent le privilège de voir, de savoir et de dire.

En cette nuit inattendue, je suis pris par l'urgence de dire ce qu'il y a de spécifique dans le fait d'être un humain, afin que le sens et la dignité de sa destinée soient, si possible, affirmés. Je suis pris par cette urgence avant qu'il ne soit trop tard. J'ai vécu à ce jour près de cent ans, et malgré tous les maux qui m'assaillent, il semble que me soit accordée la grâce d'un délai. Ce que j'aurai à dire concerne justement la mort, qui rend unique l'existence et qui, par là même, lui confère une valeur intrinsèque. Aucune vie qui se donne n'est destinée à une perte pure et simple. Par le renouvellement qu'elle suscite chez les vivants, elle entraîne la Vie dans le processus de la transformation. Et le Cosmos, apparemment indifférent, par la loi fondamentale de son fonctionnement, démontre, de fait, la marche de la Voie ouverte.

Je sais que je dois parler en toute humilité, avec autant de simplicité que j'en suis capable. Au lieu d'un langage savant plein de termes trop conceptuels qui prêtent à d'inutiles controverses, je vais essayer d'avoir recours à des expressions concrètes, imagées, immédiatement compréhensibles.

L'Univers est. Une Puissance-créatrice l'a fait advenir. Il se présente à nous sous forme du Cosmos, au sein duquel se déploie une entité spécifique : la Vie. Première constatation qui frappe l'esprit : l'aboutissement de cette Création n'est pas la réalité physique du Cosmos, mais la Vie.

Certes, le Cosmos nous émerveille par sa splendeur sans égale et sa vastitude sans bornes, alors que la Vie se développe dans un espace plus que restreint, même si bien d'autres planètes que la nôtre pourraient être habitées. Cette écrasante disproportion de volume ne doit pas faire oublier, à l'inverse, une différence de substance tout aussi écrasante. Alors que le Cosmos ignore sa propre existence, la Vie, elle, vécue par nous, est douée de conscience. Nous, les humains, connaissons la réalité de l'univers physique jusqu'à un certain degré, et surtout, nous sommes capables de nous interroger sur notre destinée en son sein. Le mouvement du Cosmos est mécanique et répétitif ; la voie de la Vie, en revanche, est en devenir, comportant étapes et étages qui ouvrent sur de possibles dépassements qualificatifs. Elle est d'un autre ordre.

Je suis donc là et j'observe. La magnificence produite par les milliards de galaxies aux feux entrecroisés m'impressionne, me stupéfie. Que de fois pourtant, face à la sublime scène d'un soleil levant ou d'un couchant, nous pouvons nous dire : « Cela est sublime parce que nous, humains, l'avons vu. Sinon tout serait en pure perte, tout serait vain. » Je prends soudain conscience que nous sommes, à notre niveau, l'œil ouvert et le cœur battant de cet univers. Si nous sommes à même de penser l'univers, c'est que véritablement il pense en nous.

Alors me vient l'évidence d'une question. Oui, nous sommes en droit de nous demander : « De la part de la Puissance-créatrice qui a fait advenir le Cosmos et la Vie, quel serait le “dessein” ? Pourrait-elle se contenter des astres qui tournoient indéfiniment sans le savoir ? N’aurait-elle pas besoin de “répondants”, d’êtres doués d’une âme et d’un esprit, comme nous le sommes, capables d’entrer en échange avec elle, donnant ainsi sens à sa Création ? »

C’est pleins d’une déférence sacrée cependant que nous obtenons du Cosmos des connaissances de base. Nous apprenons que la dimension réelle de l’univers est l’infini et que les lois de son fonctionnement sont fondées sur la rectitude : elles sont constantes, dignes de confiance aussi bien dans l’infiniment grand que dans l’infiniment petit, grâce à quoi les conditions de l’avènement de la Vie ont été rendues possibles.

À partir de là, force nous est de constater qu’en réalité la seule aventure en cours, chargée de promesses, est celle de l’Être. De cette aventure, nous les humains, nous sommes partie prenante. À nous d’assumer cette quête au jour le jour, à travers des tâches recelant une sourde grandeur, à la fois nobles et dures. Nobles, parce que nous résonnons par nos créations à l'appel de la transcendance, et que certains d'entre nous, tendant vers un amour sans réserve, nous élèvent vers l'idéal du don. Dures, parce que nous devons affronter toutes les souffrances que peuvent causer les calamités, les maladies, les accidents, et surtout le Mal qui, plantant en plein centre de l'aventure ses tragiques méfaits, est en mesure de la faire échouer complètement. Car le Mal a été rendu possible par l'intelligence et la liberté dont nous jouissons ; quand elles sont à son service, elles creusent un abîme sans fond jusqu'à menacer de détruire l'ordre de la Vie même. Enfin, par-delà toutes ces souffrances demeure un fait incontournable : chacun de nous, après avoir reçu le don de la Vie, est appelé à faire face un jour à sa propre mort.

Disons sans tarder que la Mort n'est nullement une force extérieure qui viendrait anéantir le processus de la Vie. Elle résulte d'une loi imposée par la Vie elle-même afin que la Vie puisse se renouveler et se transformer. C'est la Mort qui fait que la Vie est vie, en nous poussant vers l'urgence de vivre, en vue d'une forme d'accomplissement ou de sublimes dépassements. Tapie au creux de notre conscience, elle est la part la plus intime, la plus personnelle de notre être. Elle rend tout unique dans notre existence, unique chaque minute de notre temps, unique chaque acte de notre entreprise, unique notre existence. Elle se révèle ainsi le moteur le plus dynamique de ce que nous faisons. Elle confère, en fin de compte, une valeur inaliénable à chaque vie : ainsi Malraux a-t-il pu dire qu'apparemment une vie ne vaut rien, et que pourtant rien ne vaut une vie.

Par une compréhension erronée de la Mort, surtout en cette vie moderne marquée par le déracinement, nous sommes loin d'une attitude juste envers elle. En refusant de dévisager la Mort en sa vérité et en restreignant notre existence à « ce côté-ci », nous nous enfermons dans un permanent état de peur, de rejet étriqué qui ne fait qu'accentuer notre angoisse. Dans toute grande ville, on constate la dégradation de l'ultime phase de la vie des personnes. On meurt souvent dans l'isolement et l'anonymat, au grand désarroi des proches. Fuyant leur sentiment de culpabilité, ceux-ci s'abritent derrière un écran de fausse sécurité en abrégeant le temps de « faire le deuil ». Une sentence générale s'affiche au fronton de notre société : toute vie se termine « en queue de poisson ».

La mort d'un être est-elle un plongeon instantané dans le néant ? Nous avons tendance à le penser tout en ayant raison de ne jamais nous y faire. S'être engagé corps et âme dans l'aventure de l'Être, et puis se voir effacé sans laisser de traces comme si de rien n'était ? J'affirme le contraire, comme l'a fait le poète Rainer Maria Rilke : la Mort est un Ouvert ; elle donne accès à la transformation.

La mort, quand elle survient, chaque fois nous ébranle par son abyssale signification : le défunt – ou la défunte – nous apparaît aussitôt dans l'âpre éclat de son unicité irréductible. Épurée d'un coup des contingences et de tout ce qui est superflu, sa présence rendue à l'essentiel nous rappelle la nature sacrée de l'Être, et par là, éveille en nous la conscience ineffable de notre propre existence. S'instaure alors, entre le disparu et les vivants, une communion d'âme à âme, transparente, éclairante, tendue vers la transcendance. Le disparu, par sa présence même, nous invite à ne pas oublier que nous ne venons pas de nous-mêmes, que nous sommes, chacune et chacun, le résultat d'un immense don de la part de la Puissance-créatrice qui est garante de l'Ouvert.

Au sein de l'humanité, un jour, Quelqu'un a accompli le geste absolu, indépassable, le geste décisif qui a changé la nature et le sens de la Mort. En se laissant clouer sur la Croix, il a affronté le mal – non seulement le mal de ses bourreaux, mais le Mal en soi, le Mal radical. Et dans le même temps, il a affirmé l'Amour inconditionnel, puisque, sur la Croix, s'adressant au Père, il a dit : « Pardonne-leur ; ils ne savent pas ce qu'ils font. » Cette parole faisait écho à ce qu'il avait déjà proféré : « Il n'y a pas de plus grand amour que de donner sa vie pour ses amis. »

D'un geste unique, il a tenu les deux bouts de la Vérité : il a vaincu le Mal radical par l'Amour absolu qu'il incarne. Sa mort ouvre la Voie de la Vie qui ne périra plus ; le lien entre l'ordre humain et l'ordre divin est rétabli. Plus précisément, il nous est permis de dire qu'une relation filiale est renouée. Nous sommes les héritiers à qui incombe le devoir d'assurer la marche de la Vie.

Ici, je crois entendre la lointaine prédiction du Tao : « Celui qui cède à l'amour en se donnant au monde, à lui sera confié le monde. »

Une fois de plus, enveloppé de ténèbres, je me sens poussé à scruter ce qui me provoque : au-dessus de moi, le Cosmos ; devant moi, la Vie en sa pathétique manifestation. Une fois de plus me bouleverse l'énigmatique disproportion : si la Vie se déroule au sein du Cosmos, pourquoi une telle différence entre leurs manières d'être, d'un côté la vastitude, la permanence, de l'autre, la voie étroite, la durée éphémère ? J'ai eu l'intuition de dire qu'une règle de fonctionnement, dans la profondeur, les relie.

À ma surprise, en effet, je reste étrangement imperturbable. Le ciel étoilé qui m'a tenu compagnie durant ces heures exceptionnelles, au lieu de me troubler, m'ancre dans la confiance. Un vent qui se lève et qui me fouette le corps me persuade que de fait, tout ce qui est advenu, propulsé par la Puissance-créatrice, relève de la même inspiration. Un même principe régit les deux ordres.

Une phrase, en toute simplicité, sort de ma bouche : « Ce Cosmos, si gigantesque soit-il, est tenu. » Il obéit à des lois d'une rigueur et d'une précision époustouflantes. Loi d'attraction et de gravitation, loi de la circulation du Souffle-vital composé de multiples énergies, qui le maintient dans un irrésistible mouvement concentrique. Les galaxies qui continuellement évoluent sont ainsi reliées entre elles, formant un ordre de nature organique où tout rejoint tout : cela est conforme à la vision du Tao, qui avance l'idée d'une universelle circulation assurée par le Souffle-vital dont la marche est embrassante, circulaire. Vision intuitive aujourd'hui confirmée par les connaissances scientifiques.

Je me rappelle qu'Albert Einstein, quelque part, fait remarquer qu'étant donné sa forme sphérique, par la courbure de l'espace-temps, l'univers est *infini* mais pas *illimité*. Il peut connaître des expansions successives, mais il est toujours cerné.

Pour user d'un langage imagé, je dirais que l'univers n'est pas un sac de billes crevé d'où s'échappent les billes au gré de leur roulement et de leurs entrechocs. Il peut être efficacement tenu parce que, pareil aux astres qui l'habitent, il est rond.

Par rapport à la cosmologie classique, cette vue quantique change notre regard sur lui. Le sentiment qui est le nôtre n'est plus de frayeur ni d'incompréhension. Le Cosmos ne se présente plus à nous comme un bloc étranger. Nous voici en sympathie, voire en connivence avec lui. Nous lui savons gré d'être là, présence constante, exaltante, qui nous entraîne dans une active participation à la voie de la Création.

Faire le tour de l'univers ? Cela ne sera pas à la portée de l'être humain, dont la durée de vie est limitée. Seule la Puissance-créatrice en possède la prérogative. Nous pourrions virtuellement le faire par l'imagination. Toujours est-il que le désir de « faire le tour » ne cessera pas de nous hanter.

Si le Cosmos a une structure à base de rotondité, et qu'un mouvement circulaire le maintient dans un espace caractérisé par sa permanence, qu'en est-il du monde de la Vie soumis à la loi du Temps ? À première vue, sa marche en sens unique, irréversible, fait que, toutes vies, après avoir effectué leur parcours, se terminent en brusques « disparitions ».

En réalité, l'idée d'un mouvement circulaire qui empêche la perte de ce qui a été vécu n'en est nullement absente. Comme j'en ai maintes fois témoigné, j'en ai pris une nette conscience lorsque, à dix-sept ans à peine, en Chine, au cours d'un voyage initié par mon père, nous nous trouvions sur le haut plateau de Qinghai, proche de la source du Huang He, le « fleuve Jaune ».

À voir l'eau qui coulait indéfiniment vers les plaines d'en bas pour former peu à peu le grand fleuve, lequel traverse tout le continent d'ouest en est avant de se jeter dans la mer, ma jeune âme naïve s'était alarmée : « Comment est-ce possible ? L'eau ne va-t-elle pas s'épuiser un jour ? » C'est alors que vint me secouer l'esprit la « révélation » qui me marqua à vie. Je m'avisai que si l'on s'en tenait au niveau terrestre, l'eau s'écoulant sans arrêt et sans retour, elle ne saurait échapper à terme au sort de l'épuisement complet. Mais si l'on intégrait la relation verticale entre terre et ciel, alors on comprenait qu'à mesure que l'eau s'écoule, une part d'elle s'évapore. Elle monte vers les hauteurs, se transforme en brume, en nuages, et, en temps voulu, retombe en pluie pour alimenter de nouveau le fleuve depuis sa source. Ainsi, rien ne se perd et tout se féconde.

Par la suite, j'eus le temps d'élargir et d'approfondir cette saisie des phénomènes invisibles derrière les choses. Comme je l'ai dit, à son degré suprême, l'aventure de la Vie se hausse en aventure de l'Être qui se concrétise par le dialogue entre les humains, et entre l'humain et le Divin.

Or, s'agissant de l'Être, on atteint une complexité que les astres ne possèdent pas. L'être humain, avec sa triple compostition corps-âme-esprit, tisse des liens à de multiples niveaux, aussi bien de son vivant qu'après sa mort. Le génie du langage instaure la reliance au cœur de la vie terrestre. Une communion se fait entre les humains perpétuant leurs désirs et leurs élans. Une autre communion s'établit entre l'existence et la transcendance déterminant le devenir même de l'aventure de la Vie. Une double circulation, horizontale et verticale, est à l'œuvre, qui anime sans relâche la destinée humaine.

De même que le Cosmos n'est pas un sac crevé où les astres se dispersent au gré de leur rotation, les vies sur terre ne sont pas des poignées de sable jetées au vent.

Seconde partie

La lune décline. La Voie lactée se voile de brume. Dans quelques heures, la nuit va s'estomper. Elle va, comme d'habitude, esquisser un geste plein de consentement pour accueillir l'aube qui vient.

Je suis toujours là, immobile, aux confins du Finistère qui est le bout de la terre d'Occident. Je sais que l'idée du mouvement circulaire est valable aussi à l'échelle individuelle. Depuis ce point de l'Extrême-Occident, si j'avance vers l'océan, toujours en continuant, je finirai par arriver en Extrême-Orient, d'où, un jour bien lointain, j'étais venu. La boucle de mon destin aura été bouclée.

De nos jours, faire le tour de la terre est d'une banalité telle que cela ne mérite pas qu'on en fasse état. Mais parcourir d'un bout à l'autre le vaste continent Eurasie, assimiler pleinement les deux grandes cultures qui s'y sont développées, les relier, les malaxer jusqu'à en faire un terreau fécond apte à donner naissance à des créations originales, c'était le défi de ma longue vie. Pas moins d'un siècle a été nécessaire à cette tâche.

Je dis cela sans l'ombre d'une vanité. Après une existence faite de décennies d'errements et de perdition, de tourments et de souffrance, d'efforts surhumains pour être dans la Voie, on n'est plus que fidélité à ceux qui sont dans l'abîme, et humilité face à la vérité.

J'étais destiné à mourir jeune. Alors que j'étais déjà faible de constitution, ma période de croissance se déroula durant les huit années de la guerre sino-japonaise, laquelle fut suivie d'une guerre civile non moins dévastatrice. Nous étions mal nourris et mal soignés. Les bombardements et les maladies contagieuses eurent tôt fait d'emporter de jeunes vies fragiles. Je ne pensais pas échapper à ce sort.

À côté de cet aspect physique de mon enfance, il y avait aussi le fait que j'étais d'une sensibilité extrême. Le monde extérieur pénétrait en moi sans entrave, avec ses douceurs et ses fureurs, ses beautés et ses laideurs. Je ressemblais à une de ces jeunes pousses d'arbre isolées et sans protection, continuellement frémissantes, livrées au soleil, au vent et aux intempéries. L'univers vivant, avec ses violents contrastes, bouleversait mon âme, me mettait en demeure d'interroger ses mystères.

C'est ainsi que jusqu'à l'âge de huit ans, en compagnie de mes parents et de mes frères, je passais tous mes étés au mont Lu, un des plus beaux sites de Chine. La nature me plongeait dans un ravissement qui me remuait les entrailles.

Or, le 7 juillet 1937, le Japon lança ses attaques contre la Chine, nourrissant le dessein de l'envahir entière. Nous restâmes donc sur le mont jusqu'au début de l'hiver. Le mont se couvrit d'une neige à la blancheur éclatante qui représentait pour moi l'innocence paradisiaque. C'était la première fois qu'il m'était donné de vivre dans ce lieu enchanté en hiver. En bas, la terre chinoise était à feu et à sang. Avant que l'année touche à sa fin, l'armée japonaise, parvenue à Nankin, la capitale du Sud, se livra à un massacre d'une cruauté inouïe. En quelques semaines, elle mit à mort trois cent mille personnes suivant les méthodes les plus atroces. Mon cœur, quand l'enfant que j'étais prit conscience de ce cataclysme, fut à jamais meurtri par le phénomène du Mal.

Par la suite, l'abîme d'horreur creusé par les camps de concentration et les génocides me démontra que le Mal en question n'est pas le fait d'un peuple particulier mais relève de l'humanité entière.

Prenant la route de l'exode, au milieu de tant d'autres, ma famille se réfugia à Chongqing, capitale du Sichuan, la grande province à l'ouest de la Chine. Grossie tout à coup de millions de personnes, cette province offrait des conditions de vie plus que difficiles. Elle était réputée pour ses paysages grandioses, et sa société restait, à bien des égards, féodale. Notre lycée se trouvait cependant à une vingtaine de kilomètres de la capitale, dans une petite ville thermale. Il était situé hors du bourg, au-delà d'une colline boisée, bordé par un cours d'eau appelé la Rivière fleurie, qui formait en amont une chute très fréquentée. Nous vivions là dans un cadre plein d'un charme secret, nous permettant d'oublier les pénuries alimentaires et la menace des bombardements sporadiques. Je passai mon baccalauréat en 1945, au moment même où l'on annonçait la fin de la guerre.

Secoué par la guerre civile qui suivit, le pays sombra bientôt dans un désordre anarchique. Jeté moi-même dans une sorte de désespérance sur fond de révolte juvénile, je devins un être erratique, incapable de choisir des études ou un métier, inapte à vivre selon la norme.

Je fis une longue fugue durant laquelle je ne donnai aucune nouvelle à mes parents. Dans le contexte d'alors, je fus considéré comme mort. Mais où ? mais quand ? mais comment ? Mes pauvres parents connurent des nuits d'insomnie à se le demander.

De retour à la maison, grâce aux relations de mon père, je fus admis dans une prestigieuse université privée. Là encore, le fils prodigue redevenu dévoyé ne se soumit pas à la discipline académique. Je désertai les cours, préférant me cultiver moi-même, en sauvage. Je dévorai tous les livres m'ayant paru importants, traduits de l'anglais, du français, de l'allemand, du russe.

Je survécus pourtant. C'est que, en cet amont de ma vie, eut lieu un événement-avènement qui orienta toute la suite. À quinze ans, s'éveilla en moi la révélation de la poésie. Surgis d'une source inconnue, des mots alignés, chantants, signifiants, illuminants, telles les coulées d'une lave, traversaient le souterrain de mon être.

Puis vint le jour divin. Dans une aube délavée par une brusque averse, sur la colline habillée de hauts pins dont les aiguilles scintillent de perles irradiantes, un oiseau qui soudain s'envole fait entendre les échos d'une chute toute proche. Une présence, aussi souveraine que maternelle, se penche sur l'adolescent tremblant d'émotion. D'une voix résolue, elle lance un appel : « Chante, et tu seras sauvé, et tout sera sauvé. »

Désormais, même au moment du plus imminent risque de perdition, retentirait en moi cette voix d'injonction qui m'empêcherait de succomber au néant.

Que l'univers créé vaille d'être célébré, c'est l'évidence. Que la Vie vaille d'être révélée, c'est l'évidence aussi. La Vie foisonnante, enivrante, provocante, exaltante, à la fois joyeuse et tragique, avec ses envols parmi les nues, ses êtres qui tentent de survivre au fond du gouffre, ses douleurs étouffées, ses émotions tues, sa part invisible et transfigurante qui se prolonge au-delà de la mort.

Le poète digne de ce nom reçoit mission non seulement de dire, mais d'accompagner toutes les âmes espérantes par son chant. Il ne doute pas que si les humains sont reconnaissants au Créateur de les avoir créés, le Créateur, lui, sait gré aux humains de prendre en charge les épreuves que comporte l'aventure de la Vie.

1948. J'amorçais ma dix-neuvième année sur terre. Le Destin frappa un grand coup, comme un gong aux vibrations bouleversantes, m'annonçant que ma vie allait connaître un changement radical.

Mon père, spécialiste des sciences de l'éducation, fut amené à participer en tant qu'expert à la fondation de l'Unesco à Paris. Il décida de m'emmener avec lui – moi, ce deuxième fils dont l'avenir l'inquiétait au plus haut point. Au bout de cinq jours de voyage en hydravion, en faisant arrêt sur l'eau chaque soir, nous arrivâmes à Southampton, en Angleterre, puis par bateau, nous débarquâmes en France où l'on parlait une langue que j'entendis pour la première fois.

L'Unesco fut fondée, et mon père y travaillerait encore plus d'une année. Entre-temps, ma mère et mes trois frères nous auraient rejoints. La Chine ayant changé de société, mes parents chercheraient à commencer une nouvelle vie aux États-Unis, où ils avaient fait leurs études.

Je choisis alors de rester en France, une décision qui engagea, je n'en doute pas, mon avenir. Là encore, par une généreuse compréhension, mes parents respectèrent mon choix. Ils me laissèrent une somme d'argent pour débuter mon existence dans un pays sortant de la guerre, où l'on vivait toujours dans des conditions difficiles. Leur intuition leur dit que ce pays, où l'art et la littérature étaient à l'honneur, saurait peut-être réserver un accueil plus favorable à leur enfant en pleine quête.

Mon urgence immédiate était de bien apprendre le français. Le poète étant le serviteur des mots, s'exprimer dans une nouvelle langue qu'il ne connaît pas équivaut pour lui à tout recommencer à partir de zéro.

Durant une décennie, ma vie précaire se déroula au bord d'un précipice. Assailli de solitude et d'angoisse, je tentai, au milieu du gué, de fonder un foyer avec une artiste chinoise, espérant ainsi être plus fort pour atteindre la rive. Ce fut un échec. Mais de cette union naquit une fille que je reçus comme un don divin. Avec elle, ma vie se transformait en un devoir sacré. J'avançais sur une voie qui n'était plus seulement mienne.

Jusqu'à ce jour de 1959 où, chez l'écrivain Vercors qui m'offrait son amitié, j'entendis son épouse réciter par cœur deux de mes poèmes que je leur avais envoyés. De sa voix chaleureuse, elle fit venir au monde les mots nés de ma nuit :

Nous avons bu tant de rosées
En échange de notre sang
Que la terre cent fois brûlée
Nous sait bon gré d'être vivants.

*

Une nuit au cap de la Chèvre

Au bout de la nuit, un seuil éclairé
Nous attire encore vers son doux mystère.
Les grillons chantant l'éternel été ;
Quelque part, la vie vécue reste entière.

Cet événement inespéré fut un baptême porté par un ange annonciateur. Je tombai littéralement à genoux sur ce sol français où se fixa définitivement ma destinée.

Je viens d'un pays héritier d'une poésie ininterrompue depuis trois mille ans. Quand, une fois arrivé en France, j'explore plus avant la poésie occidentale, que je connaissais déjà assez bien par les traductions, je sais que je me dois de me référer à ses accomplissements les plus élevés. Le nom de sa divinité tutélaire vient sans tarder me hanter l'esprit : Orphée. Je ne suis pas sans savoir qu'au cours des siècles son mythe a subi des évolutions internes en prenant un sens de plus en plus général. Il devient un credo universel, faisant d'Orphée la figure symbolique d'un chant qui, par-delà la mort, unit les âmes aimantes et aimantantes.

La poésie est riche de variété. Elle recouvre tous les domaines de notre existence. Toutefois, si elle se limite aux thèmes qui se situent de « ce côté-ci » de la vie, elle n'a pas rempli toute sa mission. Car le verbe humain dérive du Verbe divin, comme l'affirment les proclamations « Au commencement était le Verbe » selon saint Jean, et « Au commencement était la Voie/voix » selon le Tao. Le chant humain, à son plus haut degré de résonance, par son pouvoir de reliance, transcende la finitude qui marque la vie de chacun, la transmuant en un devenir ouvert.

En Occident latin, la grande tradition orphique, inaugurée par Dante, se poursuit de génération en génération, pour connaître une haute vague à l'époque romantique. Elle est notamment incarnée en Allemagne par Schiller, Novalis, Hölderlin, en Angleterre par Coleridge, Shelley, Wordsworth, précédés de Blake. En France, vient en premier Lamartine, suivi d'un Hugo, d'un Nerval, avant que Mallarmé fasse entendre que la vraie poésie est une « explication orphique de la terre ». Au XXe siècle, on peut citer Apollinaire, Péguy, Claudel, Pierre Emmanuel, Jules Supervielle, Jean Mambrino et, à sa manière, Aragon aussi. Si nous étendons notre écoute, nous ne manquerons pas d'entendre les grandes voix venant d'autres pays, celles d'un Auden, d'un Lorca ou d'un Mario Luzi qui se réfère à Dante.

Mais au XXe siècle, le plus important poète orphique est indéniablement Rainer Maria Rilke qui, avec ses *Sonnets à Orphée* et ses *Élégies*, composés entre 1912 et 1922, a renouvelé le mythe en le replaçant au centre de l'inspiration poétique. Ces deux œuvres, je les connais presque par cœur pour les avoir traduites plus tard en chinois. Comment oublier que, jeune homme débarqué à Paris il y a soixante-seize ans et affrontant la dureté de l'existence, j'ai fait la connaissance de ces chants salutaires à la bibliothèque Sainte-Geneviève que Rilke lui-même avait fréquentée ? Peu après, la rencontre avec son amante Lou Albert-Lasard et les promenades sur les pas du poète dans Paris m'ont convaincu qu'une secrète transmission avait été faite. Quel que soit le sort qui me serait réservé, ayant été mis dans la Voie, j'étais appelé à avancer sans détour.

Le mythe d'Orphée m'incite à jeter un regard vers la Chine. Là aussi, de l'autre côté du monde, à l'aube de son avènement majeur sous forme d'une implosion, le chant humain gagne son statut sacré en affrontant la mort par la force de l'amour ou de l'amitié.

L'initial recueil poétique chinois, *Le Livre des odes*, rassemble des pièces anonymes datant de 1000 à 600 ans avant notre ère. Puis vint Qu Yuan, le premier poète non anonyme qui, par son lyrisme élégiaque d'une ampleur impressionnante, fit de la Chine une nation à la vocation définitivement poétique, puisque la célébration annuelle en mémoire de sa mort tragique – la fête de Duan-wu, au printemps – constitue une des trois grandes fêtes du pays, les deux autres étant le Nouvel An et la fête de la Lune à la mi-automne.

Qu Yuan vécut au IVe siècle avant notre ère et au début du IIIe, dans le royaume de Chu. Il figurait parmi les dignitaires de la Cour, vouant un ardent attachement au roi. Pourtant, victime des jalousies et des calomnies de ses pairs, incompris du monarque, il connut une injuste disgrâce et passa le reste de sa vie dans l'errance. Il chanta les douleurs de l'exil, prenant à témoin le monde végétal et animal. Son désir d'éclairer le souverain et de sauver le royaume se transmua en une quête d'ordre métaphysique. Son œuvre *Tian wen*, « Questions au Ciel », s'interroge sur le pourquoi de la vie et de la destinée humaine. Par l'imagination, il monta jusqu'à la sphère céleste et descendit jusqu'au royaume des ténèbres. Finalement, il accomplit l'acte sacrificiel suprême en se jetant dans la rivière Miluo. Le peuple qui l'aimait, bouleversé, versa d'abondantes quantités de riz cuit dans l'eau afin que son corps ne fût point dévoré par les poissons. Ce rituel se perpétue chaque année lors de la fête de Duan-wu.

Ainsi, un miraculeux retournement se produit : sa mort devient le symbole même de la Vie.

Une dizaine de siècles plus tard, lorsque le bouddhisme fut pleinement assimilé par les Chinois, naquit au sein de la nouvelle religion l'émouvante légende de Mulian qui descend aux Enfers pour sauver sa mère.

Encore une dizaine de siècles plus tard, le hasard du destin m'a déposé sur ce rivage de la terre d'Extrême-Occident, là où finit le continent eurasiatique, en Finis-terre. Au bout de mes quêtes et de mes retrouvailles, la voie du Tao et la voie orphique ne font qu'une en moi. À l'instar des vagues marines qui, toujours recommençantes, résonnent à l'appel des astres, le chantre humain que je suis, à l'écoute et à la mémoire éveillées, résonne à l'appel des vivants et des morts.

Quand la nuit, comme ce soir, est trop épaisse et oppressante, mon corps aux entrailles brisées se fait appareil organique de la transmutation. Il s'empare de l'arc des octaves tendu par l'Être, capte la grande rythmique de fond, saisit la flèche des mots hérités des ancêtres, lâche une incantation où tant de non-dits se révèlent soudain porteurs de sens. Il l'offre humblement aux âmes errantes afin que leur cri y trouve écho. Nos morts nous ont précédés dans le double-royaume dont a parlé R.M. Rilke. Si nous savons les accompagner, nombre d'entre eux deviendront nos guides. Là réside la « communion des saints » au sens large.

De loin ou de près me reviennent, pêle-mêle, des chants dont beaucoup sont déjà connus du public[1], dont d'autres sont fraîchement surgis, ouvrant de nouveaux horizons.

---

1. Notamment des poèmes contenus dans *Suite orphique*, Gallimard, 2024.

N'oublions pas nos morts ni notre propre mort :
C'est le devoir-mourir qui nous pousse vers l'élan.
De l'indicible au chant, notre voix est orphique,
Transmuant les absents en d'ardentes présences.

*

La mort ne nous sépare point de nos morts, elle
[nous envoie
À leur transformation. Entrons en échange avec eux
En vue du change. Toute aspiration montante
[participe
De l'indivisible Souffle qui sans relâche meut la Voie.

*

Ne laissons pas errer longtemps les âmes affligées ;
Portons-les en notre intime telle une mère ou une sœur.
Commune douleur adoucie par le Souffle circulant ;
Commune présence libérée par la Puissance qui
[accueille.

*

J'irai là où tu es passée, là où,
Tendant la main, tu n'as reçu aucun geste,
Criant au secours, entendu nul écho,
Toi, pain Pitié qui désormais me nourris.

*

Je te rejoins par-delà effroi et chagrin,
Et nous retraversons le pont comme jadis.
S'offre à nous un champ que rien n'a pu souiller ;
Déjà fleurissent les sangs plus vifs que nos cris.

*

Une nuit au cap de la Chèvre

Je lève la tête et tu es là,
Ton être entier en un regard :
Au milieu des rides, éclate
Un iris taché de rosée…

*

Quand nuitamment nous vient la voix d'un être cher
Depuis longtemps parti, s'ouvre en nous une voie
[vive,
Voie de l'âme, voie de larme, source d'un courant
Nous conduisant en secret jusqu'à l'Autre-Rive.

*

Entre eux, entente à demi-mot,
Sans que le mot entier soit dit.
Un jour pourtant, l'un le dira,
Quand l'autre ne sera plus là.

*

Deux cœurs foudroyés
Face à l'impossible amour ;
Deux vies sublimées
Anéantissant la mort.

*

La mort qui rend tout unique est l'unique accès
À l'aire transfigurée. Face à elle, on laisse tout,
Gardant seul ce que Dieu même ne peut remplacer :
L'amour inachevé d'une âme singulière.

*

Longues douleurs bues et longues plaintes tues :
Le couchant dans l'abîme peu à peu sombre.
Alors que l'âme se purifie à la flamme,
Descend puis s'envole la fidèle colombe.

*

Une nuit au cap de la Chèvre

La mort n'efface rien ; Orphée persistera
À se retourner, tirant de l'ombre l'aimée.
Le vide-médian tournera le tout en respir ;
Ne sera plus que chant sans frein le corps déchiré.

*

Il suffit d'un signe, je reviendrai vers toi,
Franchissant les saisons, franchissant l'horizon.
Nous rejoindrons la Voie, nous retrouverons l'émoi,
Sachant que tout provient de l'unique donation.

*

Le vol d'aigle nous répète que non clos
Est le monde. Tout lieu du sol s'ouvre au ciel.
Ce qui stagne ici circule là-bas ;
S'inspirer, c'est se laisser aspirer.

*

Vraie Lumière,
Celle qui jaillit de la Nuit ;
Et vraie Nuit,
Celle d'où jaillit la Lumière.

*

Les désirs que nous portons en nous
Ne sont-ils bien plus grands que nous ?
Si grands qu'ils rejoignent l'originel
Désir par quoi la Lumière fut.

*

On T'a reconnu à Tes gestes
Et non à Ton visage :
Pardonnant geste qui libère,
Donnant geste qui partage.

*

Une nuit au cap de la Chèvre

La sainte femme parle :

Tant qu'il est temps, je dois
Aller vers Toi, pleurer
À Tes pieds, essuyer
De mes cheveux, Tes plaies.

*

Une étoile filante au firmament,
Un chant d'oiseau au fond de la forêt.
Silence sidéral ; nous seuls sidérés.
Nous seuls ? Mais Toi, le créant, Tu savais.

*

Nous entrerons dans le Verbe divin,
Nous épouserons son Souffle prophétique.
Tout ce qui est de Vie sera repris,
Au sein du nouveau cercle concentrique.

*

Le poète orphique, avançant sans cesse vers la profondeur du devenir humain, est un solitaire qui a pris en charge la multitude. Par son chant qui s'apparente à la prière reliant les vivants et les morts, il est en constant rapport avec la transcendance qui anime les êtres par le Souffle-vital. Or, les êtres sont également vivants dans les autres êtres, à l'image des astres qui brillent de leurs feux entrecroisés, ou des arbres qui se nourrissent de leurs racines entremêlées. La Voie est faite d'innombrables « communes présences » qui honorent la Vie.

Je l'ai dit, chaque être, à l'instant de sa mort, ouvre un double espace, à la fois vertical et horizontal. Son âme, regagnant le giron de l'Être, se laisse aspirer par la Puissance-créatrice. En même temps, il entre en communion définitive avec les êtres qui lui sont liés par l'amour ou l'amitié. Le poète orphique apprend donc à devenir pur réceptacle. Devant porter dans sa chair les destins singuliers des autres, dont tant sont tragiques, il s'engage dans un processus où il se dépouille toujours davantage de lui-même. Son chant s'amplifie de cris étouffés venus de partout et qui composent l'immense pitié terrestre. Un grand nombre d'êtres m'habitent à présent, les hommes à l'esprit droit dont j'ai partagé passion et quête, les femmes à l'âme élevée qui sont pour moi des envoyées du Divin. D'eux je connais aussi bien les désirs, les élans, les accomplissements, que les épreuves et les souffrances. M'ayant poussé à creuser jusqu'au tréfonds les mystères de l'âme humaine, ils ont grandement contribué à faire de moi ce que je suis ; ils participeront, au-delà de la mort, de ce que je serai.

Je n'ai garde d'oublier qu'au cours de mon existence si souvent semée de désordre, il y a bien des personnes que par inconscience ou par erreur j'ai pu blesser. D'elles, je ne pourrai plus demander pardon, une prise de conscience claire m'étant venue trop tard. Comment ne pas penser, en premier lieu, à mon père et à ma mère qui m'ont apporté toute une vie d'amour et de compréhension, et à qui, en retour, je n'ai causé que soucis et tourments ?

J'avoue que je suis un être labouré de remords, à tel point que mon âme ressemble à un sol de fond en comble retourné. Les blessures que j'ai reçues moi-même m'apprennent que ma capacité au pardon dépend de ma capacité à l'amour, qu'en réalité un authentique pardon ne peut provenir que de l'amour absolu. Dans ce cas, c'est l'Être même qui en détient le *don*, seul capable de tout racheter.

Que de fois les mots brûlants de la parabole du fils prodigue de l'Évangile – « j'ai péché contre le ciel et contre toi » – déversent leur incandescence dans ma chair, m'obligeant chaque fois à faire un effort surhumain pour me relever des ruines, pour renaître de mes cendres.

La nuit au cap de la Chèvre va s'achever. Les dernières vagues, ne renonçant pas pour autant à leur flux et reflux, répètent à l'envi ce dont notre conscience est pénétrée : l'univers est infini, mais pas illimité, il est cerné.

Il a suffi d'une cellule vivante initiale pour que, d'engendrement en engendrement, tout l'océan puis toute la surface de la terre soient peuplés. Face à l'univers qui advient et qui va d'expansion en expansion, il a suffi que la Puissance-créatrice impose, de sphère en sphère, son Souffle-vital circulaire, pour que tout soit contenu et tenu.

Tous les sangs coulés, toutes les larmes versées ne parviennent pas à noyer une perle irradiante. Il a suffi qu'une âme demeure fidèle à sa mémoire, pour que rien ne soit perdu. Il a suffi que, d'âme en âme, la chaîne des frémissements partagés ne soit pas rompue, pour que tous les trésors accumulés soient sauvés. Au milieu d'inapaisables murmures des vies vécues, un lointain rayon sonore m'empoigne et m'exhorte à proférer, en écho à l'affirmation de Keats, ce qui me soulève :

Oui, la terre est une vallée où poussent les âmes,
Et toutes les âmes aimantes sont aimantantes.
Ce qui est lié sur terre ne se délie pas aux Cieux,
Dans l'immarcescible espace constellé du Cœur.

DU MÊME AUTEUR

Grand Prix de la francophonie
de l'Académie française 2001

Aux Éditions Albin Michel

Romans

LE DIT DE TIANYI, prix Femina, 1998 ; Le Livre de Poche, 2001.

L'ÉTERNITÉ N'EST PAS DE TROP, 2002 ; Le Livre de Poche, 2003.

QUAND REVIENNENT LES ÂMES ERRANTES, 2012 ; Le Livre de Poche, 2014.

Essais et traductions

ENTRE SOURCE ET NUAGE. LA POÉSIE CHINOISE RÉINVENTÉE, 1990, 2002.

CINQ MÉDITATIONS SUR LA BEAUTÉ, 2006, nouvelle édition 2008 ; Le Livre de Poche, 2010 ; nouvelle édition 2017.

L'UN VERS L'AUTRE. EN VOYAGE AVEC VICTOR SEGALEN, 2008 ; 2019.

CINQ MÉDITATIONS SUR LA MORT, AUTREMENT DIT SUR LA VIE, 2013, Le Livre de Poche, 2015 ; nouvelle édition 2017.

ASSISE. UNE RENCONTRE INATTENDUE, 2014.

ENTRETIENS AVEC FRANÇOISE SIRI, suivis de douze poèmes inédits, 2015.

DE L'ÂME, 2016 ; Le Livre de Poche, 2018.

Recueils de poésie

POÉSIE CHINOISE, avec des calligraphies de Fabienne Verdier, 2000.

LE LIVRE DU VIDE MÉDIAN, 2004 ; éd. revue et augmentée, 2009.

Chez d'autres éditeurs

Essais et traductions

NUIT DE LUNE ET DE FLEURS SUR LE FLEUVE PRINTANIER. ANALYSE FORMELLE D'UN AUTEUR DES TANG : ZHANG RUO XU, Mouton, 1970 ; L'Asiathèque, 2021.

L'ÉCRITURE POÉTIQUE CHINOISE, Le Seuil, 1977 ; 1996.

VIDE ET PLEIN. LE LANGAGE PICTURAL CHINOIS, Le Seuil, 1979 ; 1991 ; édition reliée et illustrée, 2021.

SOUFFLE-ESPRIT, Le Seuil, 1989 ; 2006.

LE DIALOGUE. UNE PASSION POUR LA LANGUE FRANÇAISE, Desclée de Brouwer, 2002.

ŒIL OUVERT ET CŒUR BATTANT. COMMENT ENVISAGER ET DÉVISAGER LA BEAUTÉ ?, Desclée de Brouwer, 2011 ; 2016.

À NOTRE-DAME. UNE COMMUNION UNIVERSELLE, Salvator, 2019.

Livres d'art, monographies

L'ESPACE DU RÊVE. MILLE ANS DE PEINTURE CHINOISE, Phébus, 1980.

CHU TA. LE GÉNIE DU TRAIT, Phébus, 1986, 1999.

SHITAO. LA SAVEUR DU MONDE, Phébus, prix André-Malraux, 1998.

D'OÙ JAILLIT LE CHANT, Phébus, 2000.

TOUTE BEAUTÉ EST SINGULIÈRE. PEINTRES CHINOIS DE LA VOIE EXCENTRIQUE, Phébus, 2004.

ET LE SOUFFLE DEVIENT SIGNE. PORTRAIT D'UNE ÂME À L'ENCRE DE CHINE, L'Iconoclaste, 2001 ; 2010.

PÈLERINAGE AU LOUVRE, Flammarion/Musée du Louvre, 2008.

LA JOIE. EN ÉCHO À UNE ŒUVRE DE KIM EN JOONG, Le Cerf, 2010.

Recueils de poésie

DE L'ARBRE ET DU ROCHER, Fata Morgana, 1989.

SAISONS À VIE, Encre marine, 1993.

36 POÈMES D'AMOUR, Unes, 1997.

DOUBLE CHANT, Encre marine, prix Roger-Caillois, 1998.

CANTOS TOSCANS, Unes, 1999.

QUI DIRA NOTRE NUIT, Arfuyen, 2001.

LE LONG D'UN AMOUR, Arfuyen, 2003.

À L'ORIENT DE TOUT, « Poésie », Gallimard, 2005.

QUE NOS INSTANTS SOIENT D'ACCUEIL, avec Francis Herth, Les Amis du Livre contemporain, 2005.

VRAIE LUMIÈRE NÉE DE VRAIE NUIT, Le Cerf, 2009.

LA VRAIE GLOIRE EST ICI, Gallimard, 2015 ; 2017.

ENFIN LE ROYAUME. Quatrains, Gallimard, 2018 ; 2019.

SUITE ORPHIQUE. 99 quatrains, postface de Daniel-Henri Pageaux, Gallimard, 2024.

Composition : IGS-CP
Impression : Imprimerie Floch, mars 2025
Éditions Albin Michel
22, rue Huyghens, 75014 Paris
www.albin-michel.fr
ISBN : 978-2-226-50028-1
N° d'édition : 26330/02 – N° d'impression : 106714
Dépôt légal : mars 2025
Imprimé en France